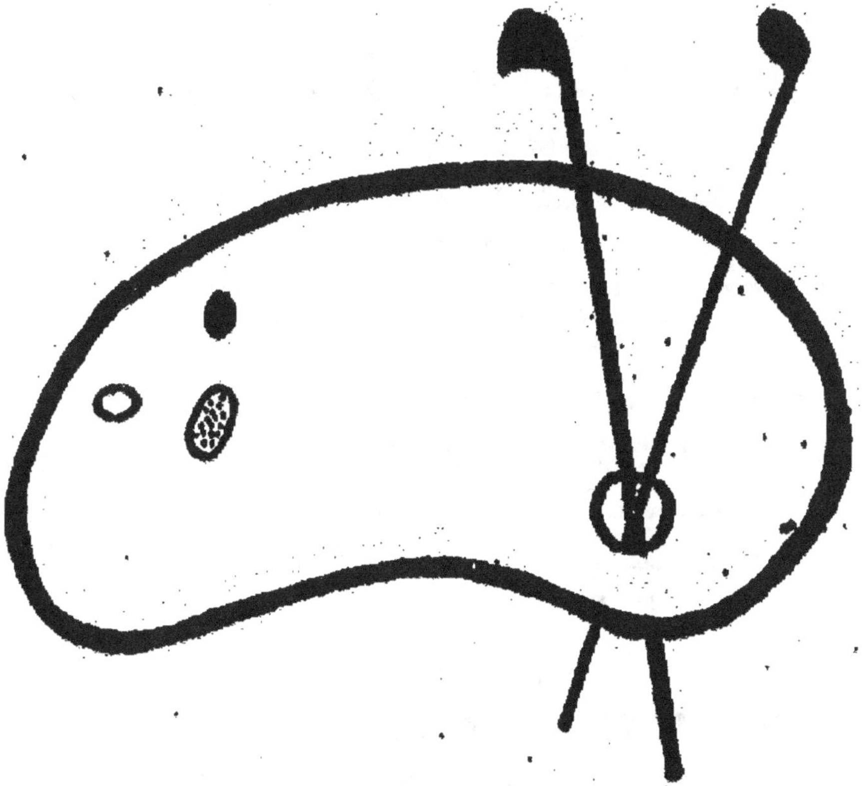

DEBUT D'UNE SERIE DE DOCUMENTS
EN COULEUR

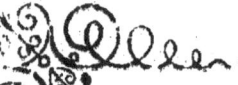

CATALOGUE

D'UNE

COLLECTION D'OBJETS D'ART

TABLEAUX

ANCIENS,

Livres sur les Antiquités, les Beaux-Arts, Manuscrits, etc.,

ANTIQUITÉS,

Très belle Collection de Médailles romaines, Bronzes antiques, Vases grecs et étrusques,

CURIOSITÉS DIVERSES

Marbres, Ivoire, faïences anciennes, Porcelaines, etc.,

Qui composaient le cabinet de feu M. le vicomte de JESSAINT, ancien pair de France,

DONT LA VENTE AURA LIEU PAR SUITE DE SON DÉCÈS,

LES VENDREDI 15, SAMEDI 16, LUNDI 18, MARDI 19
ET MERCREDI 20 AVRIL 1853,
heure de midi.

HOTEL DES VENTES
RUE DES JEUNEURS, N° 42,

Par le ministère de M° **BONNEFONS DE LAVIALLE**,
Commissaire-Priseur, rue de Choiseul, 11,

— ∞ —

EXPOSITION PUBLIQUE
Le Jeudi 14 Avril 1853, de midi à cinq heures.

—

LE PRÉSENT CATALOGUE SE DISTRIBUE :

Chez { M° BONNEFONS DE LAVIALLE, Commissaire-Priseur,
{ M. ROLLIN, Antiquaire, rue Vivienne, n. 12,
{ M. DEFER, quai Voltaire, n. 21.

—

1853

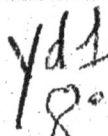

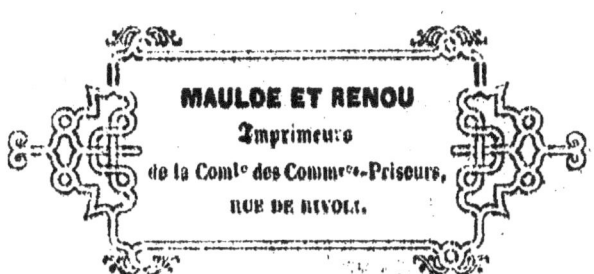

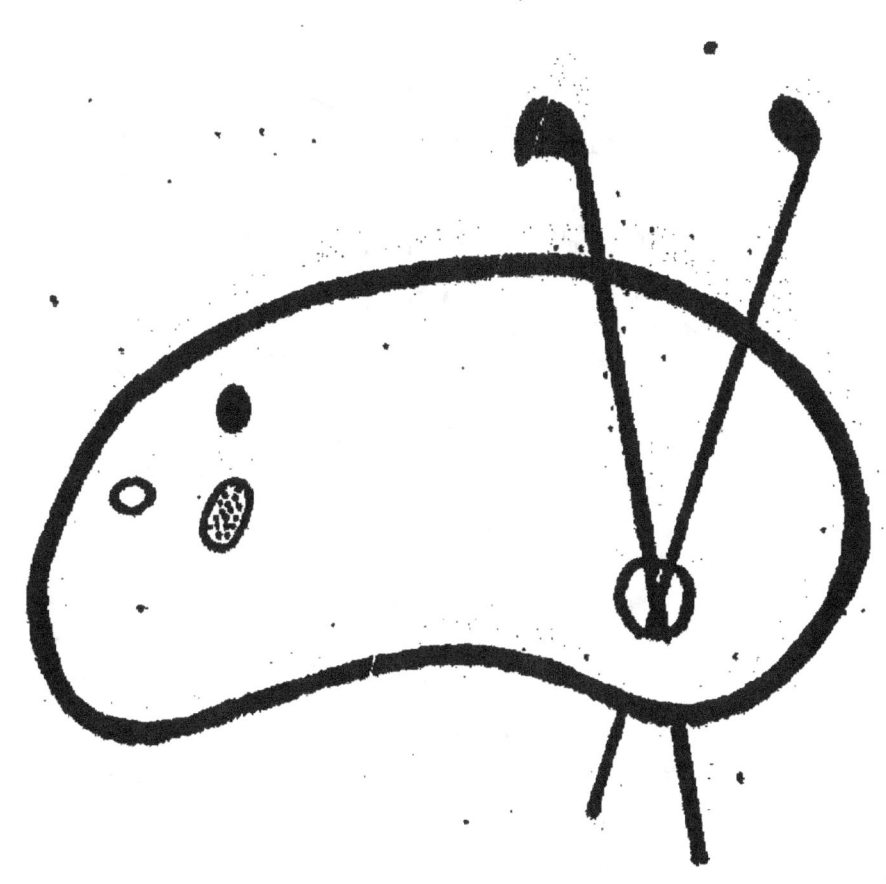

FIN D'UNE SERIE DE DOCUMENTS
EN COULEUR

CATALOGUE
D'UNE
COLLECTION D'OBJETS D'ART
TABLEAUX
ANCIENS,

Livres sur les Antiquités, les Beaux-Arts, Manuscrits, etc.,

ANTIQUITÉS,

Très belle Collection de Médailles romaines, Bronzes antiques, Vases grecs et étrusques,

CURIOSITÉS DIVERSES

Marbres, Ivoire, faïences anciennes, Porcelaines, etc.,

Qui composaient le cabinet de feu M. le vicomte de JESSAINT, ancien pair de France,

DONT LA VENTE AURA LIEU PAR SUITE DE SON DÉCÈS,

LES VENDREDI 15, SAMEDI 16, LUNDI 18, MARDI 19
ET MERCREDI 20 AVRIL 1853,
heure de midi.

HOTEL DES VENTES
RUE DES JEUNEURS, N° 42,

Par le ministère de M° BONNEFONS DE LAVIALLE,
Commissaire-Priseur, rue de Choiseul, 11.

EXPOSITION PUBLIQUE
Le Jeudi 14 Avril 1853, de midi à cinq heures.

LE PRÉSENT CATALOGUE SE DISTRIBUE :

Chez
- M° BONNEFONS DE LAVIALLE, Commissaire-Priseur,
- M. ROLLIN, Antiquaire, rue Vivienne, n. 12.
- M. DEFER, quai Voltaire, n. 21.

1853

ORDRE DES VACATIONS.

Vendredi 15 Avril. Les Tableaux.
Samedi 16 .... Les Livres, Manuscrits, Bronzes, Vases grecs
                       et Curiosités.
Lundi 18 .... Médailles.
Mardi 19 .... Médailles.
Mercredi 20 ...... Médailles.

EXPOSITION PUBLIQUE DES MÉDAILLES

Le dimanche 17 avril, de midi à quatre heures, dans la salle n° 4.

CONDITIONS DE LA VENTE.

Elle sera faite au comptant.

Les acquéreurs paieront cinq pour cent en sus des adjudications.

DÉSIGNATION
DES OBJETS.

ÉCOLE ITALIENNE.

RAPHAEL.

1 — La Vierge assise, tournée à droite. Elle tient sur ses genoux l'Enfant Jésus qui lui présente un œillet. Charmante composition connue par la gravure de Jean Morin.

CIRO FERRI.

2 — Saint Jean dans le désert, petit tableau peint sur bois.

ÉCOLE DU GUIDE.

3 — La Vierge montrant à lire à l'Enfant Jésus. Tableau de forme ovale.

ÉCOLE ITALIENNE.

4 — La Charité romaine, deux figures à mi-corps. Tableau sur cuivre.

5 — La Vierge, à mi-corps, les mains croisées sur sa poitrine.

6 — Christ en croix.

ÉCOLE ALLEMANDE, FLAMANDE ET HOLLANDAISE.

BREEMBERG (B.).

7 — Riche paysage d'une grande étendue. Au premier plan, à droite en avant d'un massif d'arbres, un épisode de la fable de Céphale et Procris.

8 — Paysage avec figure. Tableau sur cuivre.

ARI DE VOYS.

9 — Dans un intérieur de cabinet, une jeune dame debout devant une table, vient de cacheter une lettre qu'elle va remettre à un homme à côté d'elle. Tableau sur bois.

BREUGHEL (Jean).

10 — Fête de village. Tableau sur bois.

BERGHEM (attribué à).

11 — Le Maréchal-ferrant. Il ferre un mulet faisant partie du troupeau que conduisent deux bergères : la scène se passe près des ruines d'anciens monuments. Bois.

12 — Pâtre jouant de la flûte : près de lui une fileuse et divers animaux au repos.

BOTH (signé Jean).

13 — Paysage traversé par une rivière. Au premier plan une bergère et ses moutons, et un jeune garçon venant de puiser de l'eau.

DIETRICY.

14 — Une bergère danse au son d'un tambour de basque joué par une autre bergère assise en avant, elles sont entourées de leurs troupeaux ; à gauche, des ruines. Très beau tableau du maître ; il est gravé.

KARLE DUJARDIN.

15 — Au premier plan, en avant de ruines d'anciennes fortifications, une bergère entourée de son

troupeau, trait une chèvre; près d'elle deux pâtres. Dans le fond, à droite, des montagnes avec fabriques. Ce tableau, qui se recommande à l'attention des amateurs, a été cité dans l'ouvrage de *Burtin*.

K. DUJARDIN (école de).

16 — Divers animaux gardés par un jeune pâtre couché au premier plan. Tableau sur bois.

DUSART (signé).

17 — La petite famille hollandaise, composition de quatre figures. Tableau sur bois.

VAN DYCK (école de).

18 — Sainte Vierge, l'Enfant Jésus sur ses genoux, et près d'elle sainte Catherine.

EGLON VAN DER NEER.

19 — Homme vu à mi-corps jouant de la guitare. Tableau sur bois.
20 — Tobie et l'ange dans un joli paysage. Tableau sur bois précieusement fini.

FRANCISQUE MILLET.

21 — Fuite en Égypte.

DAVID DE HEEM.

22 — Des raisins, un melon, un homard et un vase. Tableau sur bois.

HERMSKERK.

23 — Deux paysans; l'un chante, et l'autre l'accompagne de son violon. Bois.

JEAN HOECK (école de Rubens).

24 — Vierge couronnée : elle tient l'Enfant Jésus dans ses bras.

PIERRE DE HOOGHE (attribué à).

25 — Un jeune seigneur vient se faire tirer son horoscope.

HOLBEIN.

26 — Adélaïde de Rapenser, dame de Sargans au pays de Saint-Gall. Elle est vêtue de noir et vue jusqu'aux genoux. Tableau sur bois.

27 — Portrait d'homme à mi-corps, il tient ses gants de la main droite. Au haut à gauche, un écusson avec deux lions; à droite on lit : en l'âge de 28 ans, et au milieu la date de 1566. Tableau sur bois.

LAMBRECHT.

28 — Intérieur hollandais, deux hommes et deux femmes autour d'une table.
29 — Intérieur hollandais. Quatre figures. Pendant du précédent.

VAN LINT.

30 — Paysage avec figures, à droite un chemin qui conduit à un moulin. Tableau sur cuivre.

MOLYN.

31 — Paysage. Un paysan à genoux devant un christ placé dans le creux d'un arbre. Bois.

METZU.

32 — Portrait d'homme vu à mi-corps, la main sur un riche baudrier. Tableau sur bois.

VAN DER MEULEN.

33 — Combat de cavalerie.

GUILLAUME MIERIS.

34 — A travers une croisée ornée d'un bas-relief, on voit un homme à figure enluminée et réjouie; il va boire dans un vidrecome, ce que regarde une femme placée près de lui. Tableau sur bois.

MOUCHERON (Isaac).

35 — Riche paysage traversé par une rivière, au premier plan un pâtre et des moutons. Tableau sur bois.

MOUCHERON (Frédéric).

36 — Paysage de style agreste, à gauche une cascade, à droite sur les rochers des pâtres et des chèvres. Tableau sur bois.

VAN DER NEER.

37 — Village hollandais au clair de lune. Bois.

G. NETSCHER.

38 — Jeune dame vue jusqu'aux genoux, dirigée à droite, elle tient une couronne de fleurs de ses deux mains. Tableau sur bois.

ISAAC OSTADE (école d').

39 — Intérieur hollandais, trois figures. Bois.

C. POELEMBOURG.

40 — Paysage avec rivière vu à travers un rocher percé. Huit figures de femmes se baignant animent ce tableau qui est peint sur bois.

41 — Paysage avec ruines; à droite au premier plan deux figures de femmes et un enfant ailé. Joli tableau sur bois.

CHARLES RUTHART.

42 — Deux ours attaqués par huit chiens dont plusieurs sont hors de combat. Tableau d'un maître dont les productions sont rares.

SCKALKEN.

43 — Un jeune homme assis devant une table va cacheter une lettre. Effet de lumière. Tableau sur bois.

G. MIÉRIS.

44 — Jeune femme à une croisée où se voient une vigne, une cage, un tapis de Turquie, un oiseau mort, et autres accessoires bien exécutés.

JORIS VAN SON.

45 — Pêche et raisins dans une corbeille posée sur une table. Tableau sur bois.

DIRCK STOOP.

46 — Paysage de style agreste, une cascade coulant à travers des rochers. Tableau sur bois.

FRANCK.

47 — Jésus présenté au peuple. Petit tableau sur cuivre.

CARL DE MOOR.

48 — Portrait d'homme vu à mi-corps, couvert d'un manteau, sur sa tête un chapeau à larges bords. Bon tableau sur bois.

VAGNER.

49 — Paysage ; à droite un chemin bordé de rochers, à gauche une rivière avec des pêcheurs. Tableau sur cuivre.

G. VAN DEN VELDE.

50 — Marine par un gros temps. Tableau sur bois.

ISAIE VAN DEN VELDE.

51 — Charge de cavalerie. Tableau sur bois, de forme ronde. Au bas on lit : Isaie V. D. V. 1625.

VAN UDEN.

52 — La Magdeleine en prières dans un paysage. Tableau sur bois.

ECOLE HOLLANDAISE.

53 — Paysage hollandais, à gauche un chemin conduit à des chaumières, à droite une rivière au-delà de laquelle on aperçoit un moulin. Tableau sur bois.

54 — Intérieur d'un bois, à gauche un cours d'eau, à droite une passerelle ; un cavalier et des pêcheurs animent ce tableau.

ÉCOLE FRANÇAISE.

BOUCHER.

55 — Paysage traversé par une rivière, et terminé à l'horizon par des montagnes : au premier plan des bergers et bergères et leurs troupeaux.

MIGNARD.

56 — Dame de la cour de Louis XIV. Petit portrait ovale très fin d'exécution. Il est sur cuivre.
57 — Portrait d'un militaire sous Louis XIV. Médaillon.

PATER.

58 — Le nid d'oiseaux, scène pastorale de six figures. Joli petit tableau dans le goût de Watteau. Il est sur cuivre.

ROEHN (M.).

59 — Intérieur de château du xvi° siècle, où un seigneur, entouré de ses vassaux et ses gardes, se fait dire la bonne aventure. Joli petit tableau sur bois.

SIMON VOUET.

60 — La Vierge et l'Enfant Jésus. Tableau sur bois.

VAN DAEL.

61 — Fleurs dans un verre posé sur une table, où on lit Van Dael, an IV. Tableau sur bois.

ECOLE FRANÇAISE.

62 — Naissance de Bacchus. Composition mythologique de quinze figures.

ECOLE FRANÇAISE, XVIIIe SIÈCLE.

63 — Deux petits paysages. Tableaux sur bois.

ECOLE MODERNE.

64 — Animaux au pâturage ; — un pâtre jouant de la flûte en gardant ses troupeaux. Deux tableaux sur bois faisant pendants.
65 — Vue de Suisse.
66 — Paysage à l'imitation de Wynantz.

RUMEAU.

67 — Prière à la Vierge dans une chapelle gothique ; — la bonne aventure : deux dessins à l'aquarelle.
68 — Sous ce numéro les tableaux omis.
69 — Le roi Louis-Philippe, d'après M. Hersent, et la reine Amélie, d'après M. Gosse : deux estampes par Jazet.

Manuscrits avec miniatures.

70 — Livre d'Heures, manuscrit sur vélin, avec miniatures et arabesques à chaque feuillet. Le calendrier n'indique pas saint Louis. In-4° rel. en velours rouge.

71 — Livre de prières écrit en français, miniatures. In-4, anc. reliure en veau gaufré.

72 — Livre d'Heures enrichi d'un grand nombre de grandes et petites miniatures. In-8°, rel. en velours vert.

73 — Très petit livre d'Heures avec précieuse miniature, rel. en velours vert, avec fermoir en argent émaillé.

74 — Livre d'Heures avec miniatures et arabesques à plusieurs feuillets in-8, rel. velours violet.

75 — Livre d'Heures avec calendrier, miniatures et tournures de lettres. In-8 relié en velours.

76 — Livre d'Heures avec calendrier, petites miniatures et tournure de lettres, arabesques à plusieurs feuillets. In-8, rel. en velours noir, avec fermoir.

77 — Livre d'heures avec calendrier et miniatures, in-8, rel. en mar. bl. tr. dor.

78 — Heures à l'usage de Rome, imprimées par Jehan de la Roche, pour Nicolas Civian, libraire à Paris, en la rue Notre-Dame, à l'enseigne de la Couronne, furent achevées le 18 mars, de

l'an de grâce 1513. In-8, sur vélin, avec les planches coloriées en miniatures, in-8, rel. en velours bleu. M. Brunet ne cite pas ce livre dans sa notice des Heures des XVe et XVIe siècles

79 — Autre livre d'Heures du même, aussi sur vélin, et les figures coloriées en miniatures, in-8, rel. en velours rouge.

Recueils, Livres d'antiquités, de Médailles, Anciens catalogues de Tableaux et Objets de Curiosités.

80 — Antiquités d'Herculanum, par David, avec explication par P. S. Maréchal. *Paris*, 1780, 9 vol. in-8, v. rac. fil. tr. doré.

81 — Muséum de Florence, collection de statues, pierres gravées, peintures antiques, dessinées et gravées par David, avec explication par Mulot. *Paris*, 1787, 8 vol. gr. in-8, d.-rel., m. r.

82 — Musée de sculpture antique et moderne par le comte de Clarac ; *Paris*, Impr. royale 1841, 6 vol. in-fol. obl. de planches, et 6 vol. gr. in-8 de texte, d.-rel., m. r., et trois vol. brochés. (15 livraisons publiées).

83 — Numismatique des empereurs romains, par J. Waillant ; *Rome*, 1743, 3 vol. in-4, v. rac.

84 — Numismatique des Césars, par Vaillant ; *Paris*, 1674, in-4., v.

85 — Numismatique des Papes, depuis 1417 à 1678, sous Innocent VI, par Claude Molinet, in-fol., v. brun.

86 — Médailles du règne de Louis XV, petit in-fol., v. br.

87 — Les Fables d'Esope, par le chevalier Lestrange, traduit de l'anglais, avec les figures par F. Barlouw; *Amsterdam*, 1714, in-4, m. r. dent. anc. reliure.

88 — Les amours pastorales de Daphnis et Chloé, traduit du grec de Longus, par Amyot; *Paris, Didot*, 1803, gr. in-4, m. rouge, dent., tr. dor., doublé de soie.

89 — Recueil de dessins, de plans des ponts de la généralité de Caen en 1685, par Charles Tardiff, de Caen, in-fol. obl., vélin; filets, tr. doré.

90 — Les soupirs de la France esclave qui aspire après la Liberté. *Amsterdam*, 1690, in-4° (15 mémoires), veau.

91 — Précis historique du sacre de S. M. Charles X, par Siret; *Rheims*, 1826, in-4, pap. vél, m. rouge, dent., tr. dor.

92 — Vues pittoresques dans le Boccage de la Vendée et à Clisson et ses environs, par Thiénon; *Paris, Didot*, 1817, in-4, cart.

93 — Voyage en Italie par Isabey, en 1830. Trente pièces lithographiées, dans un portefeuille.

94 — Itinéraire pittoresque au nord de l'Angleterre en 1834, 35 et 36 ; *Londres, Fischer*, 1836, 3 vol. in-4, fig. (73), relié en percaline.

95 — Vues dans les Indes et en Chine, par le capitaine Eliot ; *Londres, Fischer*, 1833 (en anglais), 2 vol. in-4., fig., reliés en percaline.

96 — Voyage au Levant, par Pitou de Tournefort, in-4, 1er vol. — Atlas de l'ambassade anglaise à Java.

97 — Extraits des différens ouvrages publiés sur la vie des peintres, par Papillon de la Ferté ; *Paris*, 1776, 2 vol. in-8, v. racine.

98 — Recueil de gravures au trait et à l'eau forte et ombrées, d'après un choix de tableaux recueillis dans un voyage fait en Espagne, en Italie, dans le midi de la France, par Le Brun ; *Paris, Didot*, 1809, 2 vol. in-8, d.-rel.

99 — Réflexions sur la peinture, la gravure, aidées d'une courte dissertation sur le commerce de la curiosité et des ventes en général, par Joulain ; *Metz*, 1786, in-12, br.

100 — Trois volumes manuscrits d'une jolie écriture contenant des catalogues des collections de tableaux, les plus importantes, vendues de 1780 à 1818, 3 vol., petit in-fol., d.-rel., avec prix de vente.

De ce nombre les cabinets Poulain, Choiseul, Sereville, La Live, Jully, Dubarry, de Calonne, Tolozan, Robit, Laperière, etc., etc.

101 — Catalogues de tableaux ; du prince de Conti, 1777, Blondel de Gagny, 1676. Prix et noms des acquéreurs, in-8, d.-rel., v.

102 — Catalogue des tableaux de Randon de Boisset, par Remy et Juliot, 1777, interfolié avec prix et noms des acquéreurs, in-8, v. r.

103 — Catalogue d'objets précieux qui composaient le cabinet du duc d'Aumont, par Paillet et Juliot, 1782, avec prix, in-8, fig., cart.

104 — Catalogues des collections de tableaux du duc de Choiseul, par Boileau, 1772. Tuiler, par Elie ; Laperrière, par Henri, 1817, un vol. d.-rel., avec prix.

105 — Catalogue des ventes de tableaux et curiosités : Crescent, 1748 ; Lempereur, 1773 ; Calvière, 1779 ; Le Bas, 1783 ; avec prix, in-8, d.-rel.

106 — Catalogue de tableaux ; Augran de Fontpertuis par Gersaint, 1747 ; Delaroque, 1745, avec prix, un vol. in-8, v.

107 — Catalogue de la collection de beaux tableaux de Van Leyden en 1804, par Paillet et Delaroche, in-8, d.-rel., prix et noms des acquéreurs.

108 — Catalogue de Paignon Dejonval, état détaillé des dessins, estampes dont il est composé, par Benard ; *Paris, Husard*, 1810, in-4, br.

109 — Sept volumes dont catalogue de la bibliothèque de MM. de Beaumont, Bellangé, Lavallière, etc.

ANTIQUITÉS, BRONZES, VASES GRECS, ET CURIOSITÉS DIVERSES.

Statuettes en bronze antique.

110 — Statuette votive avec inscription grecque; elle représente un homme malade. Cette figurine rare et bien conservée a été trouvée à Reims en 1845. M. de Longpérier l'a décrite et publiée dans la revue archéologique.
111 — Antinoüs, statuette antique, les yeux en argent; elle est sur socle vert serpentin.
112 — Antinoüs, statuette antique en bronze elle est fragmentée.
113 — Mercure, petite statuette en bronze.
114 — Petite statuette de Jupiter en bronze.
115 — Cléopâtre, petite statuette en bronze.
116 — Neptune; près de lui un cheval marin, statuette en bronze.
117 — Un César, statuette antique; les bras manquent.
118 — Junon, jolie petite statuette antique en bronze trouvée à Reims.
119 — Un Terme, formé de trois figures de femmes drapées.

120 — Un belier en bronze sur socle en marbre vert serpentin.
121 — Petit buste d'empereur romain sur socle en cuivre et albâtre.
122 — Un sphinx, une tête de guerrier et un ours, trois pièces en bronze.
123 — Tête d'Alexandre, en médaillon grec en bronze.

Vases grecs et étrusques.

PROVENANT DE LA COLLECTION DURAND

124 — Grand et beau vase à anse singulière, figure noire.
125 — Deux grands vases buires à deux anses, dessin rouge sur fond noir.
126 — Vase à anse, dessin d'animaux et chimères.
127 — Vase à tête de sphinx, forme de canope, ornements rouge sur fond noir.
128 — Vase à une anse, figures noires. Un bœuf et deux hommes.
119 — Beau vase à deux anses, fond rouge, sept figures noires, dont un Triton.
130 — Coupe à deux anses, figures rouge.
131 — Une lampe avec mascaron.
132 — Huit pièces diverses étrusques, petits vases, tasse, etc.
133 — La louve allaitant Remus et Romulus, terre cuite antique; elle est fragmentée.
134 — Deux canopes egyptiens en albâtre.

135 — Cinq momies egyptiennes en terre emaillés.
136 — Une petite tête de philosophe grec en cornaline, un petit buste d'impératrice romaine en agate, la tête en platine, et un petit vase grec émaillé; ces trois objets fixés sur un socle en acajou.

OBJETS DIVERS DE CURIOSITÉ.

Marbres, Ivoire, Faïence, Bronze, Porcelaine de Chine, etc., etc.,

137 — Vénus accroupie, statuette en marbre.
138 — Jeune enfant au dauphin, statuette en marbre.
139 — Un pot en terre rouge avec feuilles et fruits en relief.
140 — Un pot à tabac en grès avec bas-relief, inscription et date de 1584.
141 — Un petit pot en grès de Flandre avec couvercle en étain.
142 — Un grand vase en albâtre.
143 — Persée et Andromède, douze figures, grand et beau médaillon en faïence de Bernard de Palissy.
144 — Fille de Niobé, petit buste en cristal.
145 — Jolie figurine d'Hébé en ivoire, du cabinet de M. Debruge Dumenil.
146 — Enfant le pied sur une boule, ivoire ancien.

147 — Six pièces en ivoire, figure sur gaine, une cuillière, deux rapes à tabac, etc.
Cet article sera divisé.

148 — Un fifre des gardes sous Louis XVI, statuette en bois sculpté.

149 — Deux Chinois mandarins, en pierre de lare.

150 — Une tasse et sa soucoupe en jade.

151 — Deux grands vases en porcelaine de Chine, avec sujets, riches de décors.

152 — Deux cornets en porcelaine de Chine.

153 — Deux vases en porcelaine de Saxe, forme ronde à jour, montés en bronze doré.

154 — Tête en cuivre et bronze formant vase, style byzantin.

155 — Henri IV. On lit en anglais : *Henry the King of France*, médaillon en cuivre, fin de ciselure.

156 — Adam et Eve, deux figures en bronze doré.

157 — Une montre ancienne anglaise en argent du nom de Pinck.

158 — Marie-Antoinette d'Autriche, 1774, médaillon en plomb.

159 — Un bas-relief, sept figures d'enfants, repoussé en bronze du XVIe siècle.

160 — Un plat en cuivre repoussé.

161 — Deux flambeaux en émail décorés.

162 — Deux flambeaux à deux lumières, porcelaine et bronze doré.

163 — Deux bras de cheminée à trois branches lys et roses noués avec rubans, cuivre doré, style Louis XVI.
164 — Deux vases brûle-parfums, en marbre et bronze dorés, style Louis XVI.
165 — Un coffre en bois racine avec garniture fleur de lys en cuivre doré. Ce coffre a appartenu à Mesdames de France. Il vient du château de Louvois.
166 — Adoration des Mages, ancien bas-relief en albâtre, sur socle en marbre gris.
167 — Une tabatière en or enrichie de diamants.
168 — Les objets omis dans les curiosités.

COLLECTION
DE
TRÈS BELLES MÉDAILLES
Romaines, Antiques, en Or,
GRANDS ET MOYENS BRONZES.

Elles seront vendues les Lundi 18, Mardi 19, Mercredi 20 Avril 1853, Salle n. 4.

Elles seront exposées le Dimanche 17 Avril.

Pompée.

1. Tête de Pompée. ℞ Sextus et Cnéius.

Jules César.

2. Tête de César. ℞ Auguste.

Marc-Antoine.

3. Tête de Marc-Antoine de la famille Barbatia. ℞ Auguste.

Auguste.

4. Tête d'Auguste à droite. ℞ IMP. x. Bœuf cornupète.
5. Tête à droite. ℞ IMP. x. ℞ Deux figures présentant des rameaux à Auguste assis sur une estrade.

6. Même tête. ℞ OB CIVES SERVATOS dans une couronne.
7. Même tête. ℞ Caius à cheval.
8. Même tête. ℞ CAESAR DIVI F., statue équestre.
9. Même tête à gauche. ℞ Quadrige, au-dessus un petit quadrige.
10. Même tête. ℞ Quod viæ mun svnt. Bige d'éléphants sur un portique.

Tibère.

11. Tête de Tibère. ℞ PONT. MAX. Figure assise.
12. Tête d'Auguste. ℞ Tibère dans un quadrige.
13. Tibère. ℞ PONT. MAX. Figure assise.
14. Tibère. ℞ TR. POT. II. Victoire assise sur un globe (quinaire).
15. Drusus senior. ℞ DE GERMANIS. Deux boucliers en sautoir et un étendard.
16. Antonia. ℞ CONSTANTIÆ AVGVSTI. Femme debout.

Caligula.

17. Tête de Caligula. ℞ Tête de Germanicus.
18. Même tête. ℞ Agrippine mère.
19. Même tête. ℞ Auguste.

Claude.

20. Tête laurée de Claude. ℞ PACI AVG. Némésis debout.
21. Même tête. ℞ PRETOR. RECEP. Deux figures se donnant la main.
22. Tête laurée de Claude. ℞ Tête d'Agrippine jeune.

Néron.

23. Tête laurée de Néron. ℞ SALVS. Femme assise.
24. Même tête. ℞ IVPITER CVSTOS. Figure assise.

25. Même tête. ℞ AVGVSTVS GERM. Figure assise.
26. Même tête. ℞ CONCORDIA AVGVSTA. Femme assise.
27. Même tête. ℞ VESTA. Temple rond.
28. Têtes accolées de Néron et Agrippine ℞ Quadrige d'éléphants.
29. Têtes affrontées de Néron et Agrippine. ℞ EX SC dans une couronne.

Galba.

30. Tête laurée de Galba. ℞ DIVA AVGVSTA. Femme debout.

Othon.

31. Tête à droite. ℞ SECVRITAS. P. R. Figure debout.

Vitellius.

32. Tête laurée à droite. ℞ CONSENSVS. Figure debout (Mars).

Vespasien.

33. Tête laurée. ℞ PAX AVG. La paix debout devant un trépied.
34. Même tête. ℞ FORTVNA AVGVST. La fortune debout sur une base.
35. Même tête. ℞ VESTA. Temple rond.
36. Même tête. ℞ TRIVMP. AVG. Char triomphal entouré de plusieurs figures.

Titus.

37. Tête laurée. ℞ PONT. TR. POT. Figure assise.
38. Tête laurée. ℞ PONT. TR. POT. La fortune sur une base.
39. Même tête. ℞ TR. POT. COS VIII. Figure dans un quadrige.

Domitien.

40. Tête laurée. ℞ Cavalier au galop.
41. Même tête. ℞ GERMANICVS COS XIV. Captif couché.
42. Même tête. ℞ Cavalier au galop.
43. Même tête. ℞ PRINCEPS. IVVENTVTIS. Casque sur une chaise curule.

Domitia.

44. Tête à droite. ℞ CONCORDIA AVGVSTI. Paon.

Nerva.

45. Tête laurée. ℞ CONCORDIA EXERCITVVM. Deux mains jointes.

Trajan.

46. Tête laurée. ℞ Tête d'Hadrien.
47. Même tête. ℞ Apollon nu debout.
48. Même tête. ℞ Cérès debout.
49. Tête laurée. ℞ AVGVSTI PROFECTIO. L'empereur à cheval, précédé par un soldat et suivi par plusieurs autres.
50. Même tête. ℞ PARTHIA CAPTA. Deux captifs au pied d'un trophée.
51. Même tête. ℞ Nerva et Trajan père.
52. Même tête. ℞ L'Arabie debout.
53. Même tête. ℞ S. P. Q. R. OPTIMO PRINCIPI dans une couronne.
54. Même tête. ℞ FORT. RED. La fortune assise.

Plotine.

55. Tête à droite. ℞ Femme assise.

Matidie.

56. Tête à droite. ℞ PIETAS AVGVST. Femme debout avec deux enfants.

Hadrien.

57. Tête nue. ℞ VENERIS FELICIS. Femme assise.
58. Buste d'Hadrien. ℞ ORIENS. Tête du soleil.
59. Tête à gauche. ℞ Le Tibre couché.
60. Tête nue. ℞ Une victoire debout.
61. Tête laurée. ℞ Le soleil dans un quadrige.
62. Même tête. ℞ Rome Nicéphore assise.
63. Même tête. ℞ COS III P. P. Cavalier.
64. Même tête. ℞ Figure debout entre trois enseignes.

Sabine.

65. Tête à droite. ℞ IVNONI REGINÆ. Junon debout.

Aelius.

66. Tête à droite. ℞ PIETAS Grand prêtre sacrifiant.

Antonin.

67. Tête laurée. ℞ LAETITIA. Figure s'appuyant sur une jeune fille.
68. Même tête. ℞ Minerve debout.
69. Même tête à gauche. ℞ COS IV. L'empereur debout.
70. Tête nue à droite. ℞ TR. POT. XV. COS IIII. L'empereur debout.
71. Même tête. ℞ CONCORD. Femme assise.
72. Tête à gauche. ℞ Tête jeune de Marc-Aurèle.
73. Tête à droite. ℞ LAETITIA. Femme s'appuyant sur une jeune fille.
74. Même tête. ℞ LIBERALITAS COS III. Type de la libéralité.
75. Même tête. ℞ APOLLINI AVGVSTO. Apollon en habit de femme.
76. Tête laurée. ℞ IMPERATOR. Jupiter assis.
77. Tête laurée. ℞ COS IIII. L'Équité debout.

Faustine mère.

78. Tête à droite. ℞ VENERI AVGVSTÆ. Vénus debout.
79. Même tête. ℞ AETERNITAS. Bige d'éléphants.
80. Même tête. ℞ AETERNITAS. Femme debout.
81. Tête voilée. ℞ PIETAS AVG. La piété debout devant un autel.
82. Tête à droite. ℞ AVGVSTA. Femme debout tenant un flambeau et une quenouille.

Marc-Aurèle.

83. Tête laurée. ℞ Femme debout tenant un caducée et une corne d'abondance.
84. Même tête. ℞ Victoire s'appuyant sur un bouclier sur lequel on lit : VIC AVG.

Marc-Aurèle.

85. Tête laurée, à droite. ℞ La Justice assise.
86. Tête jeune. ℞ Mars debout.
87. Même tête. ℞ Pallas debout.
88. Tête laurée. ℞ Victoire debout.
89. Même tête. ℞ CONG. AVG. III. Femme debout tenant un miroir.
90. Même tête. Guerrier debout.
91. Tête jeune. ℞ CONCORDIA. Femme debout à ses pieds deux petits enfants.
92. Même tête. ℞ Femme debout.

Faustine jeune.

93. Tête à gauche. ℞ Femme debout tenant un arc et une flèche.
94. Même tête à droite. ℞ Femme assise, à côté d'elle deux petits enfants.

95. Même tête. ℞. Hygiée assise donnant à manger à un serpent.
96. Tête à gauche. ℞ CONCORDIA. Colombe.
97. Même tête. ℞ Femme debout tenant un arc et une flèche.
98. Tête à droite. ℞ LAETITIAE PVBLICAE. Femme debout.
99. Même tête. ℞. Femme debout, VENVS.
100. Même tête, ℞ MATRI. MAGNAE. Cybèle assise entre deux lions.
101. Même tête. ℞ VENERI GENITRICI. Venus debout.
102. Même tête. ℞ Hygiée assise.

Verus.

103. Tête nue. ℞ Hygiée debout.
104. Même tête. ℞ REX ARMEN. DAT. Trois figures sur une estrade.
105. Même tête. ℞ Hercule nu debout.

Lucille.

106. Tête à droite. ℞ PIETAS. Femme debout au pied d'un autel.
107. Même tête. ℞ VOTA PVBLICA dans une couronne.

Commode.

108. Tête laurée, à droite. ℞ CONG. MIL. Commode au milieu de quatre soldats.
109. Tête jeune. ℞ Type de la libéralité.

Crispine.

110. Tête à droite. ℞ VENVS FELIX. Vénus debout.

Pertinax.

111. Tête laurée à droite. ℟ PROVID DEOR COS II. La Providence debout.

Septime Sévère.

112. Tête laurée. ℟ Jupiter debout, à ses pieds un aigle.
113. Même tête. ℟ Têtes de Julia, Domna, Caracalla, et Geta.
114. Têtes accolées de Septime Sévère et Caracalla. ℟ Une Victoire.

Julia Domna.

115. Tête à droite. ℟ VESTA. Femme assise.
116. Même tête. ℟ Têtes affrontées de Caracalla et Géta.

Caracalla.

117. Tête jeune. ℟ MINER VICTRIX. Minerve debout près d'un trophée.
118. Même tête. ℟ Rome Nicephore assise.
119. Mêmes têtes. ℟ Têtes accolées de Septime Sévère et de Julia Domna.

Plautille.

120. Tête à droite. ℟ CONCORDIA. La Concorde assise.

Géta.

121. Tête de Géta. ℟ Tête de Caracalla jeune.

Macrin.

122. Tête laurée. ℟ Femme tenant deux enseignes militaires.

Elagabale.

123. Tête laurée. ℟ VICTORIA ANTONIN. AUG. Victoire.

Sévère Alexandre.

124. Tête laurée. ℞ Quadrige.

Gordien III.

125. Tête laurée. ℞ l'empereur debout tenant un globe.

Philippe père.

126. Tête laurée. ℞ ANNONA AVGG. L'Abondance debout.

Otacille.

127. Tête à droite. ℞ CONCORDIA AVGG. La Concorde assise.

Philippe fils.

128. Tête nue. ℞ PRINCIPI IVENTVTIS. L'empereur debout.

Trajan Dèce.

129. Tête laurée. ℞ VBERITAS AVG. Femme debout.

Etruscille.

130. Tête à gauche. ℞ PVDICITIA AVG. Femme debout.

Trébonien Galle.

131. Tête laurée. ℞ l'empereur debout.

Gallien.

132. Tête laurée. ℞ FELICITAS AVG. Femme debout.

Salonine.

133. Tête à droite. ℞ VENVS GENITRIX. Femme debout.

Valérien jeune.

134. Tête nue. ℞ PRINCIPI IVVENTVTIS. L'empereur debout.

Postume.

135. Tête laurée. ℞ Rome assise.
136. Même tête. ℞ L'empereur assis sur une chaise curule.
137. Même tête à gauche. ℞ AETERNITAS AVG. Trois têtes radiées.

Victorin.

138. Tête laurée. ℞ COMES AVG. Victoire.

Tetricus père.

139. Têtes accolées de Tetricus père et fils. ℞ ÆTERNITAS AVG.

Claude II.

140. Tête laurée. ℞ PAX. EXERC. La Paix debout.

Aurelien.

141. Tête laurée. ℞ Mars passant.

Tacite.

242. Tête laurée. ℞ ROMÆ AETERNÆ. Rome assise.

Probus.

143. Tête casquée. ℞ Quadrige.

Carinus.

144. Tête laurée. ℞ La Concorde assise.

Carus.

145. Tête laurée. ℞ La fortune debout.

Magnia Urbica.

146. Tête à droite. ℞ VENERI VICTRICI. Vénus debout.

Dioclétien.

147. Tête laurée. Jupiter debout.

Maximien Hercule.

148. Tête laurée. ℞ HERCULI. Hercule tuant l'hydre.

Licinius père.

149. Tête laurée. ℞ UBIQUE VICTORES, l'empereur debout et deux captifs assis.

Constantin le Grand.

150. Tête laurée. ℞ GAVDIVM ROMANORVM. Femme couchée, à l'exergue FRANCIA.
151. Même tête. ℞ FELICITAS REI PUBLICÆ. Trois figures sur une estrade et deux à genoux au pied de l'estrade.
152. Même titre. GLORIA EXERCITVS GALL. L'empereur à cheval.

Fausta.

153. Tête à droite. ℞ SALVS REI PVBLICÆ. Femme debout tenant deux enfants.

Crispus.

154. Tête laurée. ℞ SOLI INVICTO. Le soleil debout.

MÉDAILLONS DE BRONZE.

Commode.

155. Têtes accolées de Commode et d'une tête de femme casquée. ℞ *Temporum Felicitas* Quatre enfants personnifiant les quatre saisons.

Trajan Dèce.

156. Tête avec la couronne radiée. ℞ *Felicitas sæculi*. Femme debout.

Dioclétien.

157. Tête laurée. ℞ *Moneta* AVG. Les trois monnaies debout.

GRANDS BRONZES.

158. Auguste sans la tête. ℞ *Divo Augusto*. L'empereur dans un quadrige d'éléphants.
159. Tibère sans la tête. ℞ *Civitatibus Asiæ restitutis*. L'empereur assis.
160. Julie d'Auguste. ℞ S. P. Q. R. *Julia Augusta carpentum*.

Agrippine.

161. Tête à droite. ℞ TI CLAVDIVS, etc.
162. Même tête. ℞ *Memoriæ Agrippinæ*, *Carpentum*.

Drusus Senior.

163. Tête à gauche. ℞ Figure assise sur un monceau d'armes.

Antonia.

164. Tête d'Antonia à droite. ℞ Claude debout.
165. Même tête, même revers.

Caligula.

166. Tête à gauche. ℞ Les trois sœurs de l'empereur.
167. Même tête. ℞ S. P, Q. R. *Ob cives servatos* dans une couronne.

Claude.

168. Tête à droite. ℞ L'Espérance debout.
169. Même tête à gauche. Restitution de Titus.
170. Même tête. ℞ Statue équestre sur un arc de triomphe.

Néron.

171. Tête laurée. ℞ *Decursio*, cavalier et deux soldats.

172. Même tête. ℞ Rome assise.
173. Même tête. ℞ Congiaire.
174. Même tête. ℞ L'abondance debout et Cérès assise.
175. Même tête. Porte du temple de Janus.
176. Même tête. ℞ Decursio, deux cavaliers.
177. Même tête. ℞ Sacrifice dans un temple.
178. Même tête. ℞ Rome assise.
179. Même tête. ℞ Arc de triomphe.
180. Même tête. ℞ Porte du temple de Janus.

Galba.

181. Tête à droite. ℞ EX SC. OB CIVES SER. Dans une couronne.
182. Même tête. ℞ Rome debout.
183. Même tête. ℞ Type d'allocution.
184. Même tête. ℞ Victoire debout.

Vespasien.

185. Tête à droite. ℞ *Judæa capta*. L'empereur debout et une femme assise près d'un palmier.
186. Même tête et même revers, mais varié.
187. Même tête. ℞ *Pax* AVG. La Paix debout, derrière elle une statue sur une colonne.
188. Même tête. ℞ S. P. R. Q. OB. CIVES SERVATOS dans une couronne.

Titus.

189. Tête à gauche. ℞ L'Espérance marchant.
190. Même tête. ℞ Même revers.
191. Même tête. ℞ Une Victoire.
192. Même tête. ℞ Temple orné d'une grande quantité de statues.
193. Même tête. ℞ Congiaire.

Julia Titi filia.

194. Sans la tête. ℞ *Carpentum.*

Domitien

195. Tête à droite. ℞ Figure à genoux présentant un bouclier à l'empereur.
196. Même tête. ℞ Victoire couronnant l'Empereur.

Domitien.

197. Tête à gauche. ℞ Victoire écrivant sur un bouclier.
198. Même tête. ℞ Figure sacrifiant près d'un temple.

Nerva.

199. Tête laurée. ℞ Libertas publica. Femme debout.
200. Même tête. ℞ Vehiculatione Italiæ remissa. Deux mulets paissants.
201. Même tête. ℞ Deux mains jointes.

Trajan.

202. Tête laurée. ℞ La Fortune debout.
203. Même tête. ℞ Congiarium secundum.
204. Même tête. ℞ Figure assise sur des armes devant un trophée.
205. Même tête. ℞ Femme assise.
206. Même tête. ℞ L'Arabie debout.
207. Même tête. ℞ Temple.
208. Même tête. ℞ La Dacie assise.
209. Même tête. ℞ Alimenta Italiæ. Femme debout.
210. Même tête. Même revers.
211. Même tête. ℞ Rex Parthis datus. Quatre personnages.

Trajan.

212. Tête laurée. ℞ Imperator VIII. L'empereur sur une estrade haranguant l'armée.
213. Même tête. ℞ Mars debout.
214. Même tête. ℞ Figure assise sur des boucliers devant un trophée.
215. Même tête. ℞ Femme assise.

Hadrien.

216. Tête laurée. ℞ Figure debout tenant un arc et une flèche.
217. Même tête. ℞ La Sécurité assise.
218. Même tête. ℞ *Restitutori orbis terrarum*. L'empereur relevant une femme.
219. Même tête. ℞ Type de la libéralité.
220. Même tête. ℞ L'Empereur relevant l'Achaïe.
221. Même tête. ℞ EXPED. AVG. L'Empereur à cheval.
222. Même tête. ℞ La Fortune debout.
223. Même tête. ℞ Galère avec ses rameurs.
224. Même tête. ℞ Mars debout.
225. Même tête. ℞ Minerve debout.
226. Même tête. ℞ Neptune le pied sur une proue.
227. Tête laurée. ℞ *Judaea*. L'Empereur sur une estrade relevant la Judée, entourée de petits enfants.
228. Même tête. ℞ *Exercitus Dacicus*. L'Empereur haranguant son armée.

Sabine.

229. Tête à droite. ℞ La Piété assise.
230. Même tête. ℞ Vesta assise.

Antonin.

231. Tête laurée. ℞ L'Abondance debout.
232. Même tête. ℞ Figure debout. *Honori* AVG.
233. Même tête. ℞ Statue sous un portique.
234. Même tête. ℞ L'abondance debout.
235. Même tête. ℞ Le Tibre couché.
236. Même tête. ℞ Deux figures se donnant la main. Au bas deux petites figures dans la même pose.
237. Même tête. ℞ L'Italie assise.
238. Même tête. ℞ La louve.
239. Même tête. ℞ Rome assise.
240. Même tête nue. ℞ *Divo Pio*. Statue sur une colonne.
241. Même tête. ℞ Temple à huit colonnes.
242. Même tête. ℞ La Fortune debout.
243. Même tête. ℞ Hygiee donnant à manger à un serpent.

Faustine mère.

244. Tête à droite. ℞ Vénus debout.
245. Même tête. ℞ L'Impératrice dans un char traîné par deux éléphants.
246. Même tête. ℞ Junon debout.
247. Même tête. ℞ *Consecratio* mausolée.

Marc Aurele.

248. Tête nue. ℞ Mars passant.
249. Même tête. ℞ Quadrige d'éléphants.
250. Même tête laurée. ℞ Victoire appuyée sur un bouclier sur lequel on lit : VIC PAR. Guerrier debout.
251. Même tête. ℞ *Profectio*. L'empereur à cheval et son armée.

252. Même tête et même revers.
253. Même tête. *Relig* AVG. Temple.
254. Même tête et même revers.
255. Tête nue. ℞ *Consecratio*. Aigle.
256. Même tête. ℞ Cérès debout. A ses pieds une petite figure.
257. Même tête. ℞ *Juventus*. Figure portant un trophée.

Faustine Jeune.

258. Tête à droite. ℞ Junon debout.
259. Même tête. ℞ Même revers.
260. Même tête. ℞ *Consecratio*.
261. Même tête. ℞ Femme debout. *Fecunditas*.
262. Même tête. ℞ Aeternitas. 2 figures enlevant Faustine au ciel.
263. Même tête. ℞ *Hilaritas*. Femme debout.
264. Même tête. ℞ Figure appuyée sur un arc, tenant une flèche.
265. Même tête. ℞ *Lectisternium*.

Verus.

266. Tête laurée. ℞ Marc Aurèle et Verus se donnant la main.
267. Même tête, même revers.
268. Tête nue. ℞ *Consecratio*. Quadrige d'éléphants.
269. Même tête. ℞ Mausolée.
270. Même tête. ℞ *Rex armen. dat.* 5 figures.

Lucille.

271. Tête à droite. ℞ Junon debout.
272. Même tête. ℞ Vénus debout.
273. Tête à droite. ℞ *Fecunditas*. Femme assise et trois enfants.

274. Même tête. ℞ Junon assise.
275. Même tête, même revers.

Commode.

276. Tête laurée. ℞ *De Germ.* Trophée.
277. Même tête. ℞ Grand prêtre sacrifiant et un victimair assommant un taureau.
278. Tête nue. ℞ *Princ. Juvent.* L'empereur debout, à côt un trophée.
279. Tête coiffée de la peau de lion. ℞ Herculi romano, ma‑ sue.
280. Tête laurée. ℞ Libéralité.
281. Même tête, même revers.
282. Même tête. L'Italie assise.
283. Même tête. ℞ L'empereur assis sur une chaise curule.
284. Même tête. ℞ *Hilaritas* femme debout.
285. Même tête. L'empereur à cheval écrasant un ennemi.

Crispine.

287. Tête de Crispine. ℞ La Concorde assise.
288. Même tête. ℞ *Pudicitia.* Femme assise.

Pertinax.

289. Tête laurée. ℞ *Lætitiæ temporum.* Femme debout.

Dide Julien.

290. Tête laurée. ℞ La Fortune debout.

Manlia Scantilla.

291. Tête à droite. ℞ Junon debout.

Didia Clara.

292. Tête à droite. *Hilaritas temporum.* Femme debout.

Albin.

293. Tête nue. ℞ Femme debout.

Septime Sévère.

294. Tête laurée. ℞ Trois figures sacrifiant.
295. Même tête. ℞ Deux Victoires soutenant un bouclier.

Julia Domna.

296. Tête à droite. ℞ Junon debout.
297. Même tête. ℞ Junon debout.
298. Même tête. ℞ Junon debout.
299. Même tête. ℞ MAT. AVGG. MAT. SEN. Femme assise.

Caracalla.

300. Tête laurée. ℞ Femme assise.
301. Même tête. ℞ La Victoire et l'Empereur dans un quadrige.

Géta.

302. Tête laurée. ℞ *Concordiæ.* AVG. COS. Quatre personnages debout.
303. Même tête. ℞ La Fortune assise.

Macrin.

304. Tête laurée. ℞ Jupiter debout.
305. Même tête. ℞ La Providence debout.

Gordien d'Afrique, pere.

306. Tête laurée. ℞ La Sécurité assise.

Gordien d'Afrique, fils.

307. Tête laurée. ℞ Rome assise.

Elagabale.

308. Tête laurée. ℞ Quadrige.
309. Même tête. ℞ Figure debout sacrifiant.
310. Même tête. ℞ La Providence debout.

Soaemias.

311. Tête à droite. ℞ Vénus assise.

Maesa.

312. Tête à droite. ℞ Sæculi felicitas. Femme debout.

Sévère Alexandre.

313. Tête laurée. ℞ Figure debout sacrifiant.
314. Même tête. ℞ La Providence debout.
315. Même tête. ℞ Quadrige.
316. Même tête. ℞ Jovi propugnatori. Jupiter debout.

Orbiana.

317. Tête à droite. ℞ La Concorde assise.
318. Même tête. ℞ Sévère Alexandre, et Orbiana se donnant la main.

Mamée.

319. Tête à droite. ℞ La Félicité assise.

320. Même tête. ℞ Vesta debout.
321. Même tête. ℞ La Félicité debout.

Maximin.

322. Tête laurée. ℞ Victoire debout.
323. Même tête. ℞ Type de la libéralité. Cinq figures.
324. Même tête. ℞ Victoire debout.
325. Même tête. ℞ Même revers.
326. Même tête. ℞ Femme debout tenant deux enseignes.

Pauline.

327. Tête voilée. ℞ L'impératrice sur un paon.

Maxime.

328. Tête nue. ℞ Instrumens de sacrifices.
329. Même tête ℞ L'Empereur et deux enseignes.

Diaduménien.

330. Tête nue. ℞ L'Empereur et trois enseignes.
331. Même tête. ℞ L'Espérance debout.

Balbin.

332. Tête laurée. ℞ Jupiter debout.
333. Même tête. ℞ La Providence debout.

Pupien.

334. Tête laurée. ℞ La Concorde assise.
335. Même tête. ℞ Jupiter debout.

Gordien III.

336. Tête jeune avec le titre de César. ℞ Instrumens de sacrifices.

337. Tête laurée, ℞ Jupiter debout.
338. Même tête, ℞ Quadrige.

Philippe père.

339. Tête laurée. ℞ Adventus. L'Empereur à cheval.

Otacille.

340. Tête à droite. ℞ La Concorde assise.
341. Même tête. Même revers.
342. Même tête. ℞ Hippopotame.

Philippe fils.

343. Tête nue. ℞ L'Empereur debout.
344. Même tête. Même revers.
345. Même tête. Même revers.
346. Même tête. ℞ L'Empereur debout avec une enseigne.
347. Tête laurée. ℞ L'Empereur à cheval précédé par un soldat.

Trajan-Dèce.

348. Tête laurée. ℞ Victoire debout.
349. Même tête. ℞ La Dacie debout.

Etruscille.

350. Tête à droite. ℞ Pudicitia. Femme assise.

Etruscus.

351. Tête nue. ℞ L'Empereur debout.

Hostilien.

352. Tête nue. ℞ Femme assise.

Trébonien Galle.

353. Tête laurée. ℞ La Piété debout.
354. Même tête. ℞ Temple.

Volusien.

355. Tête laurée. ℞ Temple.
356. Même tête. ℞ Temple.

Aemilien.

357. Tête laurée. ℞ Victoire debout.

Valérien père.

358. Tête laurée. ℞ Victoire debout.

Salonine.

359. Tête à droite. ℞ Junon debout.

Mariniana.

360. Tête voilée. ℞ Paon.

MOYENS BRONZES.

361. Marc Antoine père, fils et Cléopâtre. ℞ Un vaisseau.................................. 1 Pièce.
362. 2 Auguste Agrippa, 1 Tibère............. 4 —
363. Livie sous les traits de la piété............ 1 —
364. Livie sous les traits de la santé............ 1 —
365. Drusus, Caligula, Claude................. 3 —

366. Caligula, Claude, Germanicus............ 3 pièces
367. Germanicus, trophée, Néron et Drusus Cesar à cheval................................. 3 —
368. 3 Néron, 1 Galba.................... 4 —
369. 3 Néron, 1 Galba.................... 4 —
370. 1 Vitellius, ℞ Ceres assise............. 1 —
371. 2 Vespasien, 1 Titus................. 3 —
372. 1 Vespasien, 2 Titus................. 3 —
373. 1 Julia Titi, ℞ Vesta assise .... 1 —
374. 2 Domitien, 1 Nerva, 1 Trajan.......... 4 —
375. 3 Domitien, 2 Trajan................. 5 —
376. 2 Trajan, 3 Hadrien.................. 5 —
377. 1 Trajan, 4 Hadrien.................. 5 —
378. 4 Hadrien, 1 Sabine.................. 5 —
379. 3 Hadrien, 1 Sabine.................. 4 —
380. 1 Hadrien, 1 Sabine, 4 Antonin......... 6 —
381. 1 Aelius, 2 Antonin, 1 Faustine mère..... 4 —
382. 1 Aelius, 2 Antonin, 1 Faustine mère..... 4 —
383. 2 Faustine mère, 3 Marc-Aurèle......... 5 —
384. 1 Faustine mère, 2 Marc-Aurèle, 1 Faustine jeune................................. 4 —
385. 3 Marc-Aurèle, 1 Faustine jeune........ 4 —
386. 2 Marc-Aurèle, 1 Faustine jeune et 1 Vérus.. 4 —
387. 2 Vérus, 1 Lucille, 1 Commode.......... 4 —
388. 1 Vérus, 1 Lucille, 2 Commode.......... 4 —
389. 4 Commode, 1 Crispine................ 5 —
390. 5 Commode......................... 5 —
391. 1 Commode, 1 Crispine, 1 Albin, 2 Septime Sévère................................ 5 —
392. 1 Vérus, 2 Septime Sévère, 1 Julia Domna. 4 —
393. 1 Septime Sévère, 2 Julia Domna, 2 Caracalla. 4 —

394. 1 Albin, 2 Julia Domna, 2 Caracalla........ 5 pièces.
395. 1 Caracalla, 1 Geta, 1 Macrin............. 3 —
396. 1 Géta, 1 Macrin, 1 Elagabale..... ...... 3 —
397. 1 Diaduménien l'empereur et 3 enseignes... 1 —
398. 1 Macrin, 1 Elagabale, 1 Soaemias......... 3 —
399. 1 Macrin, 1 Elagabale, 1 Soaemias........ 3 —
400. 1 Maesa, 2 Sévère Alexandre, 1 Mamée..... 4 —
401. 3 Sévère Alexandre et 1 Mamée........... 4 —
402. 2 Sévère Alexandre, 1 Mamée, 1 Maximin et
 1 Maxime............................... 5 —
403. 2 Sévère Alexandre, 1 Maximin, 1 Maxime.. 4 —
404. 1 Pupien, revers, la Concorde assise....... 1 —
405. 3 Gordien III, 1 Philippe père............ 4 —
406. 2 Gordien III, 1 Otacille, 1 Philippe fils... 4 —
407. 1 Gordien III. 1 Otacille, 1 Trajan Dèce,
 1 Etruscille .... 4 —
408. 2 Trébonien Galle, 1 Volusien, 1 Gallien..... 4 —
409. 2 Aurelien, 2 Volusien, 1 Séverine......... 5 —
410. Têtes affrontées de Dioclétien et Maximien
 Hercule. ℞ Jupiter et Hercule debout....... 1 —
411. Têtes affrontées de Sévère Alexandre et d'Or-
 biane. ℞ Figure assise et 3 femmes debout.... 1 —
412. Têtes affrontées de Gallien et Salonine. ℞ Adventus. L'Empereur à cheval suivi de son
 armée et précédé par la Victoire........... 1 —
413. 3 Dioclétien, 1 Maximien Galère, 1 Galeria
 Valéria, 1 Constance Chlore............... 5 —
414. 1 Valéria, 2 Constantin le Grand, 1 Maximien
 Hercule, Constance Chlore................ 5 —

MÉDAILLES MODERNES.

ARGENT.

415. Médaille pour la visite de la reine Victoria à la corporation de Londres.
416. Napoléon, Marie-Louise et le roi de Rome. Pose de la première pierre de la colonne nationale, 2 pièces.
417. Erection de la statue de Louis XV, mariage de Louis XVI et Marie Antoinette, Innocent XI. Jeton de Louis XVIII. 4 pièces.
418. Médaille de l'école de peinture au Capitole.

BRONZE.

419. Médaille des chemins de fer.
420. 12 Médailles des Bourbons dans un écrin.
421. Musée de Versailles, visite du duc et de la duchesse d'Orléans à la Monnaie, 2 pièces dans un écrin.
422. 24 Grands hommes.
423. 20 Id.
424. 20 Médailles de la famille des Bourbons.
425. Une médaille de religion de St-Romuald, très-belle.
426. 14 médailles diverses, la plupart étrangères.
427. 17 médailles et jetons.

Maulde et Renou, Imprimeurs de la Compagnie des Commissaires Priseurs, rue de Rivoli prolongée au coin de celle de l'Arbre-Sec. 8737

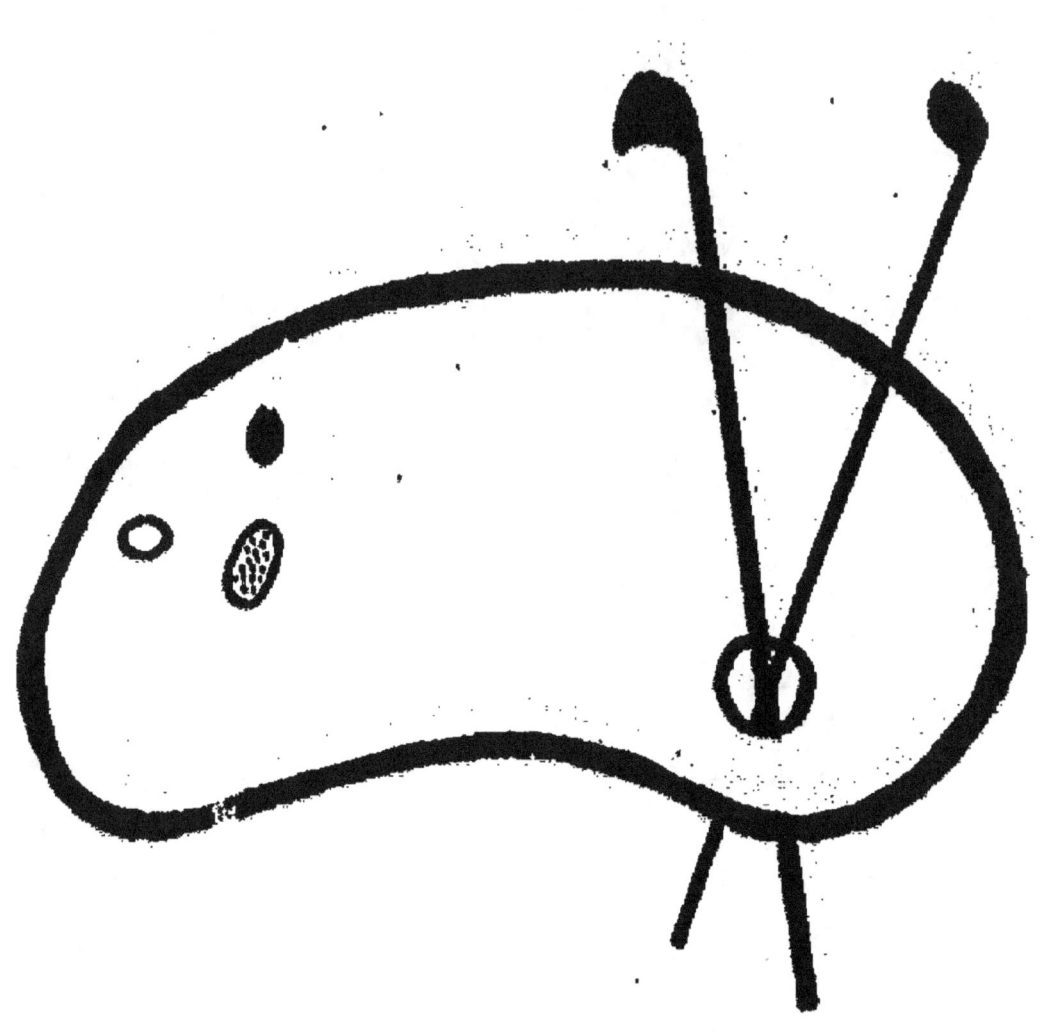

ORIGINAL EN COULEUR
Nº Z 43-120-8

www.ingramcontent.com/pod-product-compliance
Lightning Source LLC
Chambersburg PA
CBHW030052230526
45471CB00003B/1052